CogAT ® - 6th and 7
Quantitative Battery Practice Questions
(Form 7, Level 12 and Level 13)

Prepare Your 6th and 7th Grader For The Cognitive Abilities Test - CogAT

Cognitive Abilities Test™ and *CogAT*® are registered trademarks of Houghton Mifflin Harcourt Publishing Company. *The Cognitive Abilities Test (CogAT)* is owned and published by Houghton Mifflin Harcourt Publishing Company, which does not sponsor or endorse these practice tests. These materials are a product of Sam Khobragade and are not affiliated with nor related to Houghton Mifflin Harcourt Publishing Company or its affiliates ("Houghton Mifflin"). CogAT and Houghton Mifflin Harcourt do not sponsor or endorse any Sam Khobragade product, nor have Sam Khobragade products or services been reviewed, certified, or approved by Houghton Mifflin Harcourt Publishing Company.

By: Sam Khobragade

No part of this book may be reproduced or
distributed in any form or by any means,
without the prior written permission of the
author. Send all inquires to: info@shatam.com

1) Number Analogies / Quantitative Relationships

120 Analogy Practice Questions

Grade:	6th and 7th Grade
Level:	Level 12 and Level 13
Form:	7
Battery:	Quantitative Battery
Section:	1) Number Analogies / Quantitative Relationships

By: Sam Khobragade

1) Number Analogies / Quantitative Relationships : 120 Questions

1) Number Analogies / Quantitative Relationships

Analogy 1

[258 → 273]   [156 → 171]   [204 → ?]

A) 219   B) 17   C) 220   D) 227   E) 14

Analogy 2

[36 → 108]   [40 → 120]   [28 → ?]

P) 87   Q) 85   R) 58   S) 84   T) 56

Analogy 3

[432 → 441]   [216 → 225]   [282 → ?]

A) 7   B) 10   C) 292   D) 297   E) 291

Analogy 4

[294 → 273]   [330 → 309]   [348 → ?]

P) 330   Q) 327   R) 326   S) 19   T) 20

1) Number Analogies / Quantitative Relationships

Analogy 5

[32 → 96]   [28 → 84]   [30 → ?]

A) 90   B) 98   C) 61   D) 60   E) 100

Analogy 6

[20 → 60]   [38 → 114]   [24 → ?]

P) 46   Q) 50   R) 79   S) 72   T) 73

Analogy 7

[50 → 100]   [18 → 36]   [26 → ?]

A) 59   B) 26   C) 25   D) 52   E) 62

Analogy 8

[336 → 357]   [384 → 405]   [282 → ?]

P) 302   Q) 23   R) 306   S) 21   T) 303

1) Number Analogies / Quantitative Relationships

Analogy 9

[20 → 38]   [28 → 54]   [30 → ?]

(A) 26   (B) 64   (C) 58   (D) 68   (E) 27

Analogy 10

[324 → 339]   [360 → 375]   [156 → ?]

(P) 13   (Q) 175   (R) 180   (S) 171   (T) 17

Analogy 11

[240 → 2640]   [360 → 3960]   [318 → ?]

(A) 3180   (B) 3503   (C) 3181   (D) 3497   (E) 3498

Analogy 12

[34 → 102]   [36 → 108]   [38 → ?]

(P) 75   (Q) 114   (R) 74   (S) 123   (T) 119

1) Number Analogies / Quantitative Relationships

Analogy 13

[384 → 3840]   [2274 → 22740]   [1374 → ?]

A) 13740   B) 12364   C) 13748   D) 13742   E) 12367

Analogy 14

[114 → 115]   [276 → 277]   [36 → ?]

P) 47   Q) 2   R) 3   S) 39   T) 37

Analogy 15

[36 → 109]   [26 → 79]   [46 → ?]

A) 95   B) 144   C) 143   D) 139   E) 91

Analogy 16

[480 → 481]   [216 → 217]   [426 → ?]

P) 1   Q) 429   R) 427   S) 2   T) 436

1) Number Analogies / Quantitative Relationships

Analogy 17

[306 → 310] [210 → 215] [354 → ?]

A) 361 B) 360 C) 367 D) 7 E) 8

Analogy 18

[114 → 115] [36 → 37] [318 → ?]

P) 326 Q) 329 R) 0 S) 1 T) 319

Analogy 19

[144 → 174] [294 → 324] [222 → ?]

A) 32 B) 28 C) 252 D) 259 E) 260

Analogy 20

[450 → 451] [252 → 254] [222 → ?]

P) 4 Q) 225 R) 1 S) 231 T) 229

1) Number Analogies / Quantitative Relationships

Analogy 21

[1158 → 11580]   [1692 → 16920]   [1452 → ?]

A) 13067   B) 14527   C) 14520   D) 13069   E) 14522

Analogy 22

[16 → 32]   [48 → 96]   [40 → ?]

P) 89   Q) 83   R) 41   S) 42   T) 80

Analogy 23

[390 → 402]   [348 → 360]   [318 → ?]

A) 336   B) 10   C) 11   D) 337   E) 330

Analogy 24

[32 → 96]   [34 → 102]   [36 → ?]

P) 113   Q) 117   R) 72   S) 71   T) 108

1) Number Analogies / Quantitative Relationships

Analogy 25

[234 → 235]   [492 → 494]   [270 → ?]

A) 273   B) 3   C) 280   D) 4   E) 272

Analogy 26

[354 → 330]   [36 → 12]   [342 → ?]

P) 26   Q) 24   R) 323   S) 318   T) 320

Analogy 27

[20 → 40]   [42 → 84]   [46 → ?]

A) 92   B) 45   C) 100   D) 48   E) 93

Analogy 28

[1416 → 14160]   [522 → 5220]   [2046 → ?]

P) 20468   Q) 20461   R) 18413   S) 20460   T) 18412

1) Number Analogies / Quantitative Relationships

Analogy 29

[22 → 58]   [24 → 62]   [26 → ?]

A) 66   B) 74   C) 76   D) 41   E) 40

Analogy 30

[22 → 45]   [28 → 57]   [30 → ?]

P) 71   Q) 70   R) 61   S) 31   T) 32

Analogy 31

[18 → 36]   [22 → 44]   [46 → ?]

A) 47   B) 44   C) 95   D) 92   E) 98

Analogy 32

[432 → 428]   [390 → 385]   [150 → ?]

P) 144   Q) 147   R) 5   S) 7   T) 152

1) Number Analogies / Quantitative Relationships

Analogy 33

[372 → 362]   [102 → 91]   [396 → ?]

(A) 14   (B) 13   (C) 391   (D) 384   (E) 385

Analogy 34

[162 → 154]   [60 → 51]   [222 → ?]

(P) 222   (Q) 9   (R) 11   (S) 218   (T) 212

Analogy 35

[32 → 64]   [24 → 48]   [14 → ?]

(A) 16   (B) 15   (C) 37   (D) 28   (E) 31

Analogy 36

[48 → 138]   [18 → 48]   [36 → ?]

(P) 103   (Q) 68   (R) 65   (S) 111   (T) 102

1) Number Analogies / Quantitative Relationships

Analogy 37

[180 → 181]   [342 → 344]   [366 → ?]

A) 379   B) 3   C) 369   D) 2   E) 376

Analogy 38

[2496 → 24960]   [1878 → 18780]   [2814 → ?]

P) 28140   Q) 25328   R) 25326   S) 28150   T) 28149

Analogy 39

[16 → 32]   [40 → 80]   [26 → ?]

A) 25   B) 27   C) 53   D) 52   E) 62

Analogy 40

[20 → 22]   [24 → 30]   [26 → ?]

P) 34   Q) 42   R) 10   S) 44   T) 6

1) Number Analogies / Quantitative Relationships

Analogy 41

[312 → 314]   [378 → 381]   [156 → ?]

A) 166   B) 165   C) 3   D) 6   E) 160

Analogy 42

[22 → 67]   [38 → 115]   [28 → ?]

P) 59   Q) 57   R) 88   S) 85   T) 86

Analogy 43

[1056 → 10560]   [1644 → 16440]   [126 → ?]

A) 1260   B) 1269   C) 1132   D) 1265   E) 1135

Analogy 44

[342 → 351]   [426 → 435]   [348 → ?]

P) 9   Q) 358   R) 365   S) 11   T) 357

1) Number Analogies / Quantitative Relationships

Analogy 45

[306 → 321]   [366 → 381]   [174 → ?]

A) 191   B) 190   C) 13   D) 15   E) 189

Analogy 46

[48 → 140]   [18 → 50]   [12 → ?]

P) 22   Q) 37   R) 39   S) 32   T) 21

Analogy 47

[288 → 3168]   [390 → 4290]   [42 → ?]

A) 469   B) 462   C) 419   D) 467   E) 422

Analogy 48

[20 → 26]   [22 → 30]   [24 → ?]

P) 44   Q) 12   R) 34   S) 9   T) 43

1) Number Analogies / Quantitative Relationships

Analogy 49

[468 → 5148] [390 → 4290] [438 → ?]

(A) 4818 (B) 4381 (C) 4380 (D) 4825 (E) 4823

Analogy 50

[192 → 193] [42 → 43] [60 → ?]

(P) 1 (Q) 61 (R) 64 (S) 3 (T) 60

Analogy 51

[66 → 726] [348 → 3828] [126 → ?]

(A) 1388 (B) 1260 (C) 1396 (D) 1386 (E) 1258

Analogy 52

[480 → 482] [330 → 333] [156 → ?]

(P) 168 (Q) 2 (R) 160 (S) 162 (T) 6

1) Number Analogies / Quantitative Relationships

Analogy 53

[342 → 3762]   [42 → 462]   [330 → ?]

A) 3637   B) 3629   C) 3302   D) 3630   E) 3298

Analogy 54

[24 → 74]   [26 → 80]   [44 → ?]

P) 90   Q) 136   R) 134   S) 141   T) 88

Analogy 55

[288 → 285]   [390 → 387]   [396 → ?]

A) 393   B) 398   C) 5   D) 403   E) 2

Analogy 56

[1506 → 15060]   [2772 → 27720]   [2988 → ?]

P) 29886   Q) 26894   R) 29880   S) 29879   T) 26890

1) Number Analogies / Quantitative Relationships

Analogy 57

[132 → 1320]   [840 → 8400]   [1230 → ?]

A) 11071   B) 11069   C) 12309   D) 12302   E) 12300

Analogy 58

[372 → 387]   [120 → 135]   [462 → ?]

P) 13   Q) 477   R) 487   S) 14   T) 486

Analogy 59

[34 → 102]   [20 → 60]   [36 → ?]

A) 115   B) 74   C) 108   D) 73   E) 110

Analogy 60

[384 → 392]   [66 → 75]   [300 → ?]

P) 314   Q) 9   R) 8   S) 312   T) 310

19

1) Number Analogies / Quantitative Relationships

Analogy 61

[306 → 3366]   [438 → 4818]   [90 → ?]

A) 901   B) 992   C) 994   D) 990   E) 899

Analogy 62

[50 → 148]   [26 → 76]   [10 → ?]

P) 28   Q) 30   R) 16   S) 37   T) 19

Analogy 63

[66 → 58]   [324 → 315]   [54 → ?]

A) 12   B) 44   C) 53   D) 51   E) 11

Analogy 64

[306 → 315]   [342 → 351]   [438 → ?]

P) 447   Q) 446   R) 11   S) 8   T) 456

1) Number Analogies / Quantitative Relationships

Analogy 65

[36 → 108]   [20 → 60]   [24 → ?]

(A) 76   (B) 73   (C) 50   (D) 72   (E) 49

Analogy 66

[20 → 54]   [26 → 66]   [28 → ?]

(P) 40   (Q) 74   (R) 41   (S) 80   (T) 70

Analogy 67

[18 → 36]   [20 → 40]   [42 → ?]

(A) 40   (B) 91   (C) 84   (D) 44   (E) 87

Analogy 68

[150 → 168]   [168 → 186]   [186 → ?]

(P) 210   (Q) 18   (R) 213   (S) 19   (T) 204

1) Number Analogies / Quantitative Relationships

Analogy 69

[20 → 48]   [22 → 52]   [28 → ?]

A) 34   B) 73   C) 64   D) 74   E) 36

Analogy 70

[2016 → 20160]   [2784 → 27840]   [2196 → ?]

P) 21960   Q) 21968   R) 21965   S) 19766   T) 19763

Analogy 71

[84 → 96]   [468 → 480]   [456 → ?]

A) 468   B) 476   C) 14   D) 467   E) 10

Analogy 72

[360 → 361]   [138 → 140]   [300 → ?]

P) 3   Q) 2   R) 309   S) 306   T) 303

1) Number Analogies / Quantitative Relationships

Analogy 73

[44 → 88]   [12 → 24]   [14 → ?]

A) 16   B) 35   C) 28   D) 15   E) 36

Analogy 74

[38 → 114]   [28 → 84]   [30 → ?]

P) 60   Q) 90   R) 97   S) 96   T) 58

Analogy 75

[240 → 246]   [102 → 108]   [378 → ?]

A) 389   B) 6   C) 391   D) 4   E) 384

Analogy 76

[168 → 1848]   [360 → 3960]   [204 → ?]

P) 2038   Q) 2248   R) 2246   S) 2039   T) 2244

1) Number Analogies / Quantitative Relationships

Analogy 77

[20 → 64]   [22 → 70]   [46 → ?]

A) 96   B) 148   C) 142   D) 143   E) 97

Analogy 78

[38 → 115]   [42 → 127]   [46 → ?]

P) 93   Q) 140   R) 95   S) 139   T) 142

Analogy 79

[240 → 246]   [438 → 444]   [216 → ?]

A) 5   B) 227   C) 228   D) 4   E) 222

Analogy 80

[48 → 60]   [240 → 252]   [438 → ?]

P) 12   Q) 10   R) 450   S) 451   T) 458

1) Number Analogies / Quantitative Relationships

Analogy 81

[24 → 80]   [40 → 128]   [26 → ?]

A) 58   B) 60   C) 86   D) 91   E) 96

Analogy 82

[84 → 924]   [348 → 3828]   [462 → ?]

P) 5092   Q) 4620   R) 5090   S) 4619   T) 5082

Analogy 83

[20 → 54]   [28 → 70]   [30 → ?]

A) 78   B) 75   C) 42   D) 74   E) 46

Analogy 84

[432 → 4752]   [96 → 1056]   [42 → ?]

P) 419   Q) 472   R) 420   S) 464   T) 462

1) Number Analogies / Quantitative Relationships

Analogy 85

[22 → 44]   [40 → 80]   [44 → ?]

A) 88   B) 45   C) 97   D) 46   E) 96

Analogy 86

[474 → 470]   [252 → 247]   [492 → ?]

P) 486   Q) 5   R) 4   S) 496   T) 493

Analogy 87

[34 → 112]   [26 → 88]   [12 → ?]

A) 46   B) 51   C) 54   D) 36   E) 33

Analogy 88

[402 → 4422]   [390 → 4290]   [60 → ?]

P) 659   Q) 660   R) 664   S) 601   T) 602

1) Number Analogies / Quantitative Relationships

Analogy 89

[22 → 38]   [24 → 42]   [26 → ?]

A) 46   B) 19   C) 48   D) 20   E) 56

Analogy 90

[330 → 306]   [462 → 438]   [366 → ?]

P) 347   Q) 342   R) 352   S) 25   T) 26

Analogy 91

[432 → 4752]   [384 → 4224]   [396 → ?]

A) 4365   B) 4356   C) 3962   D) 3959   E) 4357

Analogy 92

[36 → 108]   [26 → 78]   [30 → ?]

P) 61   Q) 62   R) 90   S) 97   T) 99

1) Number Analogies / Quantitative Relationships

Analogy 93

[16 → 32]   [14 → 28]   [30 → ?]

A) 59   B) 60   C) 28   D) 31   E) 69

Analogy 94

[144 → 138]   [288 → 282]   [156 → ?]

P) 6   Q) 150   R) 8   S) 155   T) 157

Analogy 95

[36 → 102]   [22 → 60]   [42 → ?]

A) 121   B) 76   C) 120   D) 125   E) 77

Analogy 96

[1302 → 13020]   [2760 → 27600]   [2472 → ?]

P) 24729   Q) 24720   R) 22250   S) 24728   T) 22249

1) Number Analogies / Quantitative Relationships

Analogy 97

[20 → 38]   [26 → 50]   [30 → ?]

A) 63   B) 26   C) 29   D) 61   E) 58

Analogy 98

[1698 → 16980]   [1122 → 11220]   [2892 → ?]

P) 28922   Q) 28921   R) 26029   S) 28920   T) 26030

Analogy 99

[2658 → 26580]   [1062 → 10620]   [2952 → ?]

A) 29530   B) 29520   C) 26566   D) 26567   E) 29528

Analogy 100

[144 → 129]   [480 → 465]   [180 → ?]

P) 17   Q) 164   R) 168   S) 165   T) 15

1) Number Analogies / Quantitative Relationships

Analogy 101

[20 → 60]   [38 → 114]   [28 → ?]

A) 54   B) 85   C) 87   D) 84   E) 56

Analogy 102

[192 → 207]   [96 → 111]   [342 → ?]

P) 15   Q) 364   R) 365   S) 17   T) 357

Analogy 103

[84 → 80]   [246 → 241]   [168 → ?]

A) 4   B) 161   C) 162   D) 167   E) 7

Analogy 104

[390 → 363]   [444 → 417]   [396 → ?]

P) 29   Q) 369   R) 378   S) 379   T) 27

1) Number Analogies / Quantitative Relationships

Analogy 105

[20 → 34]   [28 → 50]   [30 → ?]

(A) 54   (B) 24   (C) 62   (D) 26   (E) 58

Analogy 106

[18 → 36]   [26 → 52]   [44 → ?]

(P) 93   (Q) 46   (R) 95   (S) 88   (T) 44

Analogy 107

[84 → 924]   [36 → 396]   [102 → ?]

(A) 1122   (B) 1129   (C) 1121   (D) 1018   (E) 1022

Analogy 108

[288 → 296]   [96 → 105]   [108 → ?]

(P) 122   (Q) 118   (R) 11   (S) 12   (T) 124

1) Number Analogies / Quantitative Relationships

Analogy 109

[258 → 264]   [132 → 138]   [108 → ?]

A) 124   B) 8   C) 7   D) 120   E) 114

Analogy 110

[32 → 96]   [40 → 120]   [28 → ?]

P) 92   Q) 55   R) 86   S) 56   T) 84

Analogy 111

[48 → 96]   [38 → 76]   [44 → ?]

A) 46   B) 97   C) 88   D) 42   E) 90

Analogy 112

[18 → 62]   [50 → 158]   [42 → ?]

P) 137   Q) 93   R) 136   S) 90   T) 134

1) Number Analogies / Quantitative Relationships

Analogy 113

[258 → 252]   [276 → 269]   [366 → ?]

Ⓐ 7   Ⓑ 9   Ⓒ 358   Ⓓ 359   Ⓔ 361

Analogy 114

[450 → 442]   [390 → 381]   [366 → ?]

Ⓟ 364   Ⓠ 10   Ⓡ 358   Ⓢ 11   Ⓣ 356

Analogy 115

[20 → 41]   [22 → 45]   [24 → ?]

Ⓐ 26   Ⓑ 25   Ⓒ 52   Ⓓ 56   Ⓔ 49

Analogy 116

[384 → 390]   [492 → 499]   [300 → ?]

Ⓟ 316   Ⓠ 308   Ⓡ 8   Ⓢ 10   Ⓣ 318

1) Number Analogies / Quantitative Relationships

Analogy 117

[438 → 447]   [264 → 273]   [138 → ?]

A) 151   B) 9   C) 147   D) 10   E) 148

Analogy 118

[34 → 102]   [40 → 120]   [28 → ?]

P) 57   Q) 93   R) 84   S) 94   T) 58

Analogy 119

[2436 → 24360]   [228 → 2280]   [1164 → ?]

A) 11641   B) 11650   C) 11640   D) 10474   E) 10477

Analogy 120

[84 → 57]   [180 → 153]   [234 → ?]

P) 207   Q) 29   R) 208   S) 28   T) 212

1) Number Analogies / Quantitative Relationships Answer Sheet

Analogy 1	**A**	B	C	D	E	(A) 219	Add 15
Analogy 2	P	Q	R	**S**	T	(S) 84	Multiply by 3.
Analogy 3	A	B	C	D	**E**	(E) 291	Add 9
Analogy 4	P	**Q**	R	S	T	(Q) 327	Minus 21
Analogy 5	**A**	B	C	D	E	(A) 90	Multiply by 3.
Analogy 6	P	Q	R	**S**	T	(S) 72	Multiply by 3.
Analogy 7	A	B	C	**D**	E	(D) 52	Multiply by 2.
Analogy 8	P	Q	R	S	**T**	(T) 303	Add 21
Analogy 9	A	B	**C**	D	E	(C) 58	Multiply by 2. Minus 2
Analogy 10	P	Q	R	**S**	T	(S) 171	Add 15

1) Number Analogies / Quantitative Relationships Answer Sheet

Analogy						Answer	Rule
Analogy 11	A	B	C	D	**E**	(E) 3498	Multiply by 11.
Analogy 12	P	**Q**	R	S	T	(Q) 114	Multiply by 3.
Analogy 13	**A**	B	C	D	E	(A) 13740	Multiply by 10.
Analogy 14	P	Q	R	S	**T**	(T) 37	Add 1
Analogy 15	A	B	C	**D**	E	(D) 139	Multiply by 3. Add 1
Analogy 16	P	Q	**R**	S	T	(R) 427	Add 1
Analogy 17	A	**B**	C	D	E	(B) 360	Add 4. Then add 5. Then add 6
Analogy 18	P	Q	R	S	**T**	(T) 319	Add 1
Analogy 19	A	B	**C**	D	E	(C) 252	Add 30
Analogy 20	P	**Q**	R	S	T	(Q) 225	Add 1. Then add 2. Then add 3

1) Number Analogies / Quantitative Relationships Answer Sheet

Analogy 21	A	B	**C**	D	E	(C) 14520	Multiply by 10.
Analogy 22	P	Q	R	S	**T**	(T) 80	Multiply by 2.
Analogy 23	A	B	C	D	**E**	(E) 330	Add 12
Analogy 24	P	Q	R	S	**T**	(T) 108	Multiply by 3.
Analogy 25	**A**	B	C	D	E	(A) 273	Add 1. Then add 2. Then add 3
Analogy 26	P	Q	R	**S**	T	(S) 318	Minus 24
Analogy 27	**A**	B	C	D	E	(A) 92	Multiply by 2.
Analogy 28	P	Q	R	**S**	T	(S) 20460	Multiply by 10.
Analogy 29	**A**	B	C	D	E	(A) 66	Multiply by 2. Add 14
Analogy 30	P	Q	**R**	S	T	(R) 61	Multiply by 2. Add 1

1) Number Analogies / Quantitative Relationships Answer Sheet

Analogy 31	A	B	C	**D**	E	(D) 92	Multiply by 2.
Analogy 32	**P**	Q	R	S	T	(P) 144	Minus 4. Then minus 5. Then minus 6
Analogy 33	A	B	C	**D**	E	(D) 384	Minus 10. Then minus 11. Then minus 12
Analogy 34	P	Q	R	S	**T**	(T) 212	Minus 8. Then minus 9. Then minus 10
Analogy 35	A	B	C	**D**	E	(D) 28	Multiply by 2.
Analogy 36	P	Q	R	S	**T**	(T) 102	Multiply by 3. Minus 6
Analogy 37	A	B	**C**	D	E	(C) 369	Add 1. Then add 2. Then add 3
Analogy 38	**P**	Q	R	S	T	(P) 28140	Multiply by 10.
Analogy 39	A	B	C	**D**	E	(D) 52	Multiply by 2.
Analogy 40	**P**	Q	R	S	T	(P) 34	Multiply by 2. Minus 18

1) Number Analogies / Quantitative Relationships Answer Sheet

Analogy						Answer	Rule
Analogy 41	A	B	C	D	**E**	(E) 160	Add 2. Then add 3. Then add 4
Analogy 42	P	Q	R	**S**	T	(S) 85	Multiply by 3. Add 1
Analogy 43	**A**	B	C	D	E	(A) 1260	Multiply by 10.
Analogy 44	P	Q	R	S	**T**	(T) 357	Add 9
Analogy 45	A	B	C	D	**E**	(E) 189	Add 15
Analogy 46	P	Q	R	**S**	T	(S) 32	Multiply by 3. Minus 4
Analogy 47	A	**B**	C	D	E	(B) 462	Multiply by 11.
Analogy 48	P	Q	**R**	S	T	(R) 34	Multiply by 2. Minus 14
Analogy 49	**A**	B	C	D	E	(A) 4818	Multiply by 11.
Analogy 50	P	**Q**	R	S	T	(Q) 61	Add 1

1) Number Analogies / Quantitative Relationships Answer Sheet

Analogy 51	A	B	C	**D**	E	(D) 1386	Multiply by 11.
Analogy 52	P	Q	**R**	S	T	(R) 160	Add 2. Then add 3. Then add 4
Analogy 53	A	B	C	**D**	E	(D) 3630	Multiply by 11.
Analogy 54	P	Q	**R**	S	T	(R) 134	Multiply by 3. Add 2
Analogy 55	**A**	B	C	D	E	(A) 393	Minus 3
Analogy 56	P	Q	**R**	S	T	(R) 29880	Multiply by 10.
Analogy 57	A	B	C	D	**E**	(E) 12300	Multiply by 10.
Analogy 58	P	**Q**	R	S	T	(Q) 477	Add 15
Analogy 59	A	B	**C**	D	E	(C) 108	Multiply by 3.
Analogy 60	P	Q	R	S	**T**	(T) 310	Add 8. Then add 9. Then add 10

1) Number Analogies / Quantitative Relationships Answer Sheet

Analogy						Answer	Rule
Analogy 61	A	B	C	**D**	E	(D) 990	Multiply by 11.
Analogy 62	**P**	Q	R	S	T	(P) 28	Multiply by 3. Minus 2
Analogy 63	A	**B**	C	D	E	(B) 44	Minus 8. Then minus 9. Then minus 10
Analogy 64	**P**	Q	R	S	T	(P) 447	Add 9
Analogy 65	A	B	C	**D**	E	(D) 72	Multiply by 3.
Analogy 66	P	Q	R	S	**T**	(T) 70	Multiply by 2. Add 14
Analogy 67	A	B	**C**	D	E	(C) 84	Multiply by 2.
Analogy 68	P	Q	R	S	**T**	(T) 204	Add 18
Analogy 69	A	B	**C**	D	E	(C) 64	Multiply by 2. Add 8
Analogy 70	**P**	Q	R	S	T	(P) 21960	Multiply by 10.

41

1) Number Analogies / Quantitative Relationships Answer Sheet

Analogy 71	**A**	B	C	D	E	(A) 468	Add 12
Analogy 72	P	Q	R	S	**T**	(T) 303	Add 1. Then add 2. Then add 3
Analogy 73	A	B	**C**	D	E	(C) 28	Multiply by 2.
Analogy 74	P	**Q**	R	S	T	(Q) 90	Multiply by 3.
Analogy 75	A	B	C	D	**E**	(E) 384	Add 6
Analogy 76	P	Q	R	S	**T**	(T) 2244	Multiply by 11.
Analogy 77	A	B	**C**	D	E	(C) 142	Multiply by 3. Add 4
Analogy 78	P	Q	R	**S**	T	(S) 139	Multiply by 3. Add 1
Analogy 79	A	B	C	D	**E**	(E) 222	Add 6
Analogy 80	P	Q	**R**	S	T	(R) 450	Add 12

1) Number Analogies / Quantitative Relationships Answer Sheet

Analogy	A/P	B/Q	C/R	D/S	E/T	Answer	Rule
Analogy 81	A	B	**C**	D	E	(C) 86	Multiply by 3. Add 8
Analogy 82	P	Q	R	S	**T**	(T) 5082	Multiply by 11.
Analogy 83	A	B	C	**D**	E	(D) 74	Multiply by 2. Add 14
Analogy 84	P	Q	R	S	**T**	(T) 462	Multiply by 11.
Analogy 85	**A**	B	C	D	E	(A) 88	Multiply by 2.
Analogy 86	**P**	Q	R	S	T	(P) 486	Minus 4. Then minus 5. Then minus 6
Analogy 87	**A**	B	C	D	E	(A) 46	Multiply by 3. Add 10
Analogy 88	P	**Q**	R	S	T	(Q) 660	Multiply by 11.
Analogy 89	**A**	B	C	D	E	(A) 46	Multiply by 2. Minus 6
Analogy 90	P	**Q**	R	S	T	(Q) 342	Minus 24

1) Number Analogies / Quantitative Relationships Answer Sheet

Analogy						Answer	Rule
Analogy 91	A	**B**	C	D	E	(B) 4356	Multiply by 11.
Analogy 92	P	Q	**R**	S	T	(R) 90	Multiply by 3.
Analogy 93	A	**B**	C	D	E	(B) 60	Multiply by 2.
Analogy 94	P	**Q**	R	S	T	(Q) 150	Minus 6
Analogy 95	A	B	**C**	D	E	(C) 120	Multiply by 3. Minus 6
Analogy 96	P	**Q**	R	S	T	(Q) 24720	Multiply by 10.
Analogy 97	A	B	C	D	**E**	(E) 58	Multiply by 2. Minus 2
Analogy 98	P	Q	R	**S**	T	(S) 28920	Multiply by 10.
Analogy 99	A	**B**	C	D	E	(B) 29520	Multiply by 10.
Analogy 100	P	Q	R	**S**	T	(S) 165	Minus 15

44

1) Number Analogies / Quantitative Relationships Answer Sheet

Analogy 101	A B C **D** E	(D) 84	Multiply by 3.
Analogy 102	P Q R S **T**	(T) 357	Add 15
Analogy 103	A B **C** D E	(C) 162	Minus 4. Then minus 5. Then minus 6
Analogy 104	P **Q** R S T	(Q) 369	Minus 27
Analogy 105	**A** B C D E	(A) 54	Multiply by 2. Minus 6
Analogy 106	P Q R **S** T	(S) 88	Multiply by 2.
Analogy 107	**A** B C D E	(A) 1122	Multiply by 11.
Analogy 108	P **Q** R S T	(Q) 118	Add 8. Then add 9. Then add 10
Analogy 109	A B C D **E**	(E) 114	Add 6
Analogy 110	P Q R S **T**	(T) 84	Multiply by 3.

1) Number Analogies / Quantitative Relationships Answer Sheet

Analogy	Choices	Answer	Rule
Analogy 111	A B **C** D E	(C) 88	Multiply by 2.
Analogy 112	P Q R S **T**	(T) 134	Multiply by 3. Add 8
Analogy 113	A B **C** D E	(C) 358	Minus 6. Then minus 7. Then minus 8
Analogy 114	P Q R S **T**	(T) 356	Minus 8. Then minus 9. Then minus 10
Analogy 115	A B C D **E**	(E) 49	Multiply by 2. Add 1
Analogy 116	P **Q** R S T	(Q) 308	Add 6. Then add 7. Then add 8
Analogy 117	A B **C** D E	(C) 147	Add 9
Analogy 118	P Q **R** S T	(R) 84	Multiply by 3.
Analogy 119	A B **C** D E	(C) 11640	Multiply by 10.
Analogy 120	**P** Q R S T	(P) 207	Minus 27

2) Number Puzzles / Equation Building

120 Puzzle Practice Questions

Grade:	6th and 7th Grade
Level:	Level 12 and Level 13
Form:	7
Battery:	Quantitative Battery
Section:	2) Number Puzzles / Equation Building

By: Sam Khobragade

2) Number Puzzles / Equation Building : 120 Questions

2) Number Puzzles / Equation Building

Puzzle 1

? < 18 - 14 + 18

[A] 39　　[B] 24　　[C] 12　　[D] 44　　[E] 31

Puzzle 2

44 - ☽ = ? - 4

☽ = 8

[P] 2　　[Q] 36　　[R] 4　　[S] 40　　[T] 57

Puzzle 3

32 - 18 = 28 - 30 + ?

[A] 16　　[B] 33　　[C] 36　　[D] 27　　[E] 31

Puzzle 4

? - 51 = 1

[P] 1　　[Q] 52　　[R] 70　　[S] 11　　[T] 76

2) Number Puzzles / Equation Building

Puzzle 5

26 + 4 - 14   <   ? + 2

[A] 0   [B] 3   [C] 4   [D] 8   [E] 31

Puzzle 6

40 - ? = 16

[P] 2   [Q] 24   [R] 41   [S] 13   [T] 47

Puzzle 7

48 = 40 + ?

[A] 5   [B] 7   [C] 8   [D] 12   [E] 29

Puzzle 8

1 = ? - 55

[P] 50   [Q] 35   [R] 56   [S] 11   [T] 15

2) Number Puzzles / Equation Building

Puzzle 9

16 + 24   <   ?

[A] 35   [B] 6   [C] 39   [D] 89   [E] 30

Puzzle 10

☯ − 59   =   ? − 15

☯   =   60

[P] 16   [Q] 37   [R] 24   [S] 12   [T] 30

Puzzle 11

? + 30 − 46   =   6 + 12

[A] 32   [B] 0   [C] 34   [D] 2   [E] 3

Puzzle 12

4 + ? + 10   <   38 + 14

[P] 66   [Q] 53   [R] 6   [S] 74   [T] 46

2) Number Puzzles / Equation Building

Puzzle 13

24 + 24 = ? + 40

A) 2   B) 36   C) 8   D) 24   E) 25

Puzzle 14

64 - 16 = ? - ⛵

⛵ = 20

P) 68   Q) 86   R) 73   S) 10   T) 77

Puzzle 15

♖ + ? = 48 + 4

♖ = 40

A) 0   B) 6   C) 12   D) 28   E) 13

Puzzle 16

? < 8 + 14 + 14

P) 66   Q) 52   R) 42   S) 45   T) 14

2) Number Puzzles / Equation Building

Puzzle 17

56 - ? = 52 - ♞

♞ = 28

[A] 32 [B] 50 [C] 54 [D] 41 [E] 11

Puzzle 18

36 = ? - 12

[P] 48 [Q] 54 [R] 7 [S] 24 [T] 73

Puzzle 19

? - 36 + 28 < 28 + 12

[A] 80 [B] 89 [C] 28 [D] 62 [E] 95

Puzzle 20

? < 22 + 20 - 17

[P] 48 [Q] 33 [R] 39 [S] 8 [T] 47

2) Number Puzzles / Equation Building

Puzzle 21

1 + ♛ = ? + 32

♛ = 35

A) 4   B) 8   C) 25   D) 11   E) 29

Puzzle 22

4 + 4 + ? < 23 + 12

P) 33   Q) 4   R) 43   S) 45   T) 29

Puzzle 23

20 + ? = 28

A) 37   B) 5   C) 8   D) 13   E) 15

Puzzle 24

? < 0 + 20 + 14

P) 34   Q) 55   R) 24   S) 41   T) 61

2) Number Puzzles / Equation Building

Puzzle 25

$10 < ? - 26 + 20$

- **A** 34
- **B** 4
- **C** 7
- **D** 12
- **E** 14

Puzzle 26

$34 - 20 = ? - 34 + 34$

- **P** 20
- **Q** 8
- **R** 13
- **S** 14
- **T** 30

Puzzle 27

$32 + 28 - 42 = ? - 8$

- **A** 51
- **B** 38
- **C** 56
- **D** 26
- **E** 13

Puzzle 28

$? - 10 < 29$

- **P** 48
- **Q** 51
- **R** 55
- **S** 73
- **T** 26

2) Number Puzzles / Equation Building

Puzzle 29

? = 52 - 12

[A] 0   [B] 68   [C] 38   [D] 40   [E] 30

Puzzle 30

56 - ▮ = 16 + ?

▮ = 24

[P] 16   [Q] 0   [R] 1   [S] 40   [T] 44

Puzzle 31

? = 47 + 1

[A] 48   [B] 20   [C] 73   [D] 75   [E] 44

Puzzle 32

28 + 20 - ? < 38 + 18

[P] 99   [Q] 70   [R] 71   [S] 26   [T] 107

2) Number Puzzles / Equation Building

Puzzle 33

    44 = 44 + ?

[A] 0   [B] 18   [C] 28   [D] 30   [E] 14

Puzzle 34

    ? + 16 = 44

[P] 21   [Q] 43   [R] 28   [S] 29   [T] 31

Puzzle 35

    ? < 4 + 1 + 57

[A] 100   [B] 87   [C] 40   [D] 120   [E] 109

Puzzle 36

    47 > ? + 12

[P] 16   [Q] 49   [R] 51   [S] 39   [T] 47

2) Number Puzzles / Equation Building

Puzzle 37

? > 20 - 4

[A] 7   [B] 8   [C] 43   [D] 13   [E] 15

Puzzle 38

? - 8 < 21

[P] 48   [Q] 49   [R] 20   [S] 43   [T] 30

Puzzle 39

? + 24 = 27 + 1

[A] 0   [B] 17   [C] 4   [D] 23   [E] 31

Puzzle 40

? - 16 + 34 < 42 + 2

[P] 2   [Q] 34   [R] 52   [S] 44   [T] 47

2) Number Puzzles / Equation Building

Puzzle 41

18 + 12 - 13   >   ?

A) 32   B) 33   C) 6   D) 26   E) 30

Puzzle 42

39 + 10 + 16   >   ?

P) 80   Q) 34   R) 66   S) 101   T) 102

Puzzle 43

20 + 48   =   ?

A) 1   B) 18   C) 68   D) 78   E) 79

Puzzle 44

8   =   ? + 4

P) 0   Q) 19   R) 4   S) 22   T) 10

2) Number Puzzles / Equation Building

Puzzle 45

? < 14 + 34 + 14

[A] 38   [B] 105   [C] 76   [D] 94   [E] 79

Puzzle 46

? + 24 - 60 = 6 - 4

[P] 48   [Q] 66   [R] 53   [S] 38   [T] 45

Puzzle 47

34 > ? - 18

[A] 34   [B] 70   [C] 86   [D] 55   [E] 59

Puzzle 48

? + 36 = 44 + ▲

▲ = 20

[P] 0   [Q] 34   [R] 21   [S] 27   [T] 28

2) Number Puzzles / Equation Building

Puzzle 49

? - 28 = 36

A) 64   B) 17   C) 1   D) 58   E) 11

Puzzle 50

60 = ? + 48

P) 16   Q) 2   R) 41   S) 27   T) 12

Puzzle 51

12 - ? = ♗ - 48

♗ = 56

A) 19   B) 4   C) 20   D) 28   E) 29

Puzzle 52

? > 8 + 20

P) 65   Q) 2   R) 3   S) 22   T) 28

2) Number Puzzles / Equation Building

Puzzle 53

28 - 46 + 20 = ? - 12

A) 0   B) 19   C) 7   D) 29   E) 14

Puzzle 54

? + 20 - 18 = 4 + 6

P) 16   Q) 33   R) 1   S) 3   T) 8

Puzzle 55

38 + ? - 64 = 16 - 10

A) 32   B) 22   C) 23   D) 12   E) 14

Puzzle 56

? - 24 = 20

P) 67   Q) 25   R) 43   S) 44   T) 30

2) Number Puzzles / Equation Building

Puzzle 57

21 + ? + 6 = 4 + 24

A) 1   B) 20   C) 23   D) 9   E) 27

Puzzle 58

0 + 28 < ?

P) 16   Q) 0   R) 36   S) 5   T) 27

Puzzle 59

? + 12 = 52

A) 16   B) 68   C) 40   D) 8   E) 27

Puzzle 60

30 + 26 > 8 + 20 + ?

P) 32   Q) 8   R) 41   S) 29   T) 46

2) Number Puzzles / Equation Building

Puzzle 61

? + ■ = 8 + 56

■ = 52

A) 34 B) 4 C) 21 D) 40 E) 12

Puzzle 62

4 + 14 = 38 + ? − 24

P) 19 Q) 4 R) 7 S) 27 T) 28

Puzzle 63

? + ◊ = 20 + 4

◊ = 8

A) 16 B) 1 C) 8 D) 43 E) 44

Puzzle 64

12 + 0 = ? − 42 + 26

P) 2 Q) 52 R) 23 S) 56 T) 28

2) Number Puzzles / Equation Building

Puzzle 65

? + 30 < 79

[A] 97   [B] 53   [C] 8   [D] 89   [E] 75

Puzzle 66

60 - ? = 36 - ▲

▲ = 8

[P] 32   [Q] 48   [R] 8   [S] 43   [T] 61

Puzzle 67

56 - 12 = 64 - ?

[A] 20   [B] 5   [C] 39   [D] 8   [E] 44

Puzzle 68

24 - 6 < ?

[P] 17   [Q] 18   [R] 10   [S] 13   [T] 31

2) Number Puzzles / Equation Building

Puzzle 69

? − 8 = 4 + 32

A) 36   B) 21   C) 26   D) 59   E) 44

Puzzle 70

? − 8 = ♡ − 36
♡ = 64

P) 1   Q) 49   R) 34   S) 36   T) 5

Puzzle 71

24 − ? = 60 − 🔥
🔥 = 44

A) 33   B) 35   C) 3   D) 8   E) 13

Puzzle 72

68 + ? = 60 + 8

P) 0   Q) 20   R) 22   S) 8   T) 9

2) Number Puzzles / Equation Building

Puzzle 73

8 - ♚ = 56 - ?

♚ = 4

A) 33   B) 50   C) 52   D) 70   E) 28

Puzzle 74

10 + 18 = 30 - 12 + ?

P) 18   Q) 9   R) 25   S) 10   T) 30

Puzzle 75

16 - ☁ = ? - 32

☁ = 12

A) 65   B) 3   C) 36   D) 39   E) 9

Puzzle 76

22 + 9 > 24 + 8 - ?

P) 18   Q) 66   R) 51   S) 38   T) 42

2) Number Puzzles / Equation Building

Puzzle 77

12 + ☠ = ? − 32

☠ = 20

[A] 64   [B] 33   [C] 36   [D] 22   [E] 72

Puzzle 78

38 − 22 = 20 + 20 − ?

[P] 22   [Q] 24   [R] 8   [S] 10   [T] 44

Puzzle 79

52 > ? + 34

[A] 2   [B] 18   [C] 19   [D] 27   [E] 30

Puzzle 80

🐸 − 32 = 44 − ?

🐸 = 60

[P] 16   [Q] 36   [R] 40   [S] 45   [T] 46

2) Number Puzzles / Equation Building

Puzzle 81

? + 56 = 28 + ♖

♖ = 36

A) 1   B) 17   C) 8   D) 26   E) 14

Puzzle 82

32 + 6 + 2 = 14 + ?

P) 32   Q) 20   R) 39   S) 26   T) 28

Puzzle 83

4 + 2 + ? = 30 - 12

A) 16   B) 17   C) 2   D) 21   E) 12

Puzzle 84

? = 52 - 16

P) 2   Q) 36   R) 53   S) 40   T) 27

2) Number Puzzles / Equation Building

Puzzle 85

☘ + 40 = ? + 64
☘ = 24

A) 0   B) 2   C) 20   D) 23   E) 8

Puzzle 86

10 + 9 > ? − 28 + 26

P) 37   Q) 38   R) 24   S) 26   T) 14

Puzzle 87

? + ☃ = 8 + 40
☃ = 8

A) 67   B) 38   C) 40   D) 24   E) 45

Puzzle 88

? − 16 = 40 + 4

P) 39   Q) 90   R) 60   S) 77   T) 46

2) Number Puzzles / Equation Building

Puzzle 89

2 + 28   =   17 + 12 + ?

[A] 1   [B] 11   [C] 27   [D] 13   [E] 29

Puzzle 90

4 + 24   =   60 - ?

[P] 32   [Q] 3   [R] 22   [S] 28   [T] 13

Puzzle 91

44 - ?   =   24

[A] 20   [B] 38   [C] 6   [D] 25   [E] 42

Puzzle 92

? - 24   =   ⊗ - 44

⊗   =   52

[P] 32   [Q] 3   [R] 5   [S] 24   [T] 42

2) Number Puzzles / Equation Building

Puzzle 93

12 + 56 = ? + 52

[A] 16 [B] 33 [C] 39 [D] 24 [E] 31

Puzzle 94

55 + 1 = ? - 4

[P] 20 [Q] 72 [R] 57 [S] 90 [T] 60

Puzzle 95

? < 46 + 6 + 4

[A] 81 [B] 34 [C] 57 [D] 92 [E] 110

Puzzle 96

40 - ? = 12

[P] 19 [Q] 4 [R] 54 [S] 28 [T] 14

2) Number Puzzles / Equation Building

Puzzle 97

$68 - 28 = 60 - ?$

(A) 48   (B) 33   (C) 20   (D) 6   (E) 46

Puzzle 98

 + ? = 16 + 4
 = 1

(P) 19   (Q) 20   (R) 23   (S) 39   (T) 26

Puzzle 99

$? < 4 + 12 + 25$

(A) 57   (B) 28   (C) 44   (D) 76   (E) 62

Puzzle 100

$12 + 4 = 30 + 24 - ?$

(P) 34   (Q) 52   (R) 36   (S) 38   (T) 27

2) Number Puzzles / Equation Building

Puzzle 101

? + 33 > 10 + 8 + 24

[A] 1   [B] 34   [C] 3   [D] 4   [E] 6

Puzzle 102

46 > 26 - ?

[P] 52   [Q] 6   [R] 41   [S] 42   [T] 63

Puzzle 103

? = 20 + 28

[A] 48   [B] 0   [C] 65   [D] 30   [E] 78

Puzzle 104

24 - 20 = 40 - ?

[P] 64   [Q] 16   [R] 51   [S] 35   [T] 36

2) Number Puzzles / Equation Building

Puzzle 105

? + 12 = 32 - 24 + 20

A) 16   B) 19   C) 21   D) 44   E) 31

Puzzle 106

? + 6 = 30 - 40 + 26

P) 17   Q) 24   R) 10   S) 29   T) 15

Puzzle 107

14 + 10 > 20 - ? + 4

A) 48   B) 33   C) 50   D) 35   E) 14

Puzzle 108

2 + ? - 30 = 12 - 2

P) 52   Q) 38   R) 10   S) 27   T) 45

75

2) Number Puzzles / Equation Building

Puzzle 109

? − 16 + 18 = 16 + 10

[A] 1   [B] 2   [C] 19   [D] 24   [E] 14

Puzzle 110

30 − 6 + ? < 12 + 33

[P] 33   [Q] 37   [R] 24   [S] 12   [T] 31

Puzzle 111

6 + 22 = 28 + 6 − ?

[A] 16   [B] 17   [C] 18   [D] 6   [E] 27

Puzzle 112

? + 1 = 1

[P] 0   [Q] 21   [R] 8   [S] 24   [T] 25

2) Number Puzzles / Equation Building

Puzzle 113

    32 - 2 = 36 + 24 - ?

A) 49   B) 18   C) 5   D) 9   E) 30

Puzzle 114

    32 = 16 + ?

P) 16   Q) 38   R) 29   S) 46   T) 15

Puzzle 115

    36 + 28 - 34 = 32 - ?

A) 0   B) 2   C) 22   D) 23   E) 26

Puzzle 116

    ? + 20 - 17 > 12

P) 0   Q) 6   R) 7   S) 8   T) 30

2) Number Puzzles / Equation Building

Puzzle 117

52 - ? = 1

[A] 34   [B] 51   [C] 36   [D] 8   [E] 11

Puzzle 118

? = 40 + 28

[P] 0   [Q] 97   [R] 68   [S] 73   [T] 57

Puzzle 119

24 - 16 = ♟ - ?

♟ = 48

[A] 68   [B] 40   [C] 41   [D] 61   [E] 14

Puzzle 120

48 + 12 = 56 + ?

[P] 17   [Q] 4   [R] 26   [S] 28   [T] 30

2) Number Puzzles / Equation Building Answer Sheet

Puzzle	A/P	B/Q	C/R	D/S	E/T	Answer	Equation
Puzzle 1	A	B	**C**	D	E	(C) 12	12 < 18 - 14 + 18
Puzzle 2	P	Q	R	**S**	T	(S) 40	44 - 8 < 40 - 4
Puzzle 3	**A**	B	C	D	E	(A) 16	28 - 30 + 16 > 32 - 18
Puzzle 4	P	**Q**	R	S	T	(Q) 52	1 > 52 - 51
Puzzle 5	A	B	C	D	**E**	(E) 31	26 + 4 - 14 < 31 + 2
Puzzle 6	P	**Q**	R	S	T	(Q) 24	16 > 40 - 24
Puzzle 7	A	B	**C**	D	E	(C) 8	40 + 8 > 48
Puzzle 8	P	Q	**R**	S	T	(R) 56	1 < 56 - 55
Puzzle 9	A	B	C	**D**	E	(D) 89	16 + 24 < 89
Puzzle 10	**P**	Q	R	S	T	(P) 16	60 - 59 < 16 - 15

2) Number Puzzles / Equation Building Answer Sheet

Puzzle						Answer	Equation
Puzzle 11	A	B	**C**	D	E	(C) 34	34 + 30 - 46 < 6 + 12
Puzzle 12	P	Q	**R**	S	T	(R) 6	4 + 6 + 10 < 38 + 14
Puzzle 13	A	B	**C**	D	E	(C) 8	24 + 24 < 8 + 40
Puzzle 14	**P**	Q	R	S	T	(P) 68	68 - 20 > 64 - 16
Puzzle 15	A	B	**C**	D	E	(C) 12	48 + 4 > 40 + 12
Puzzle 16	P	Q	R	S	**T**	(T) 14	14 < 8 + 14 + 14
Puzzle 17	**A**	B	C	D	E	(A) 32	52 - 28 > 56 - 32
Puzzle 18	**P**	Q	R	S	T	(P) 48	48 - 12 > 36
Puzzle 19	A	B	**C**	D	E	(C) 28	28 - 36 + 28 < 28 + 12
Puzzle 20	P	Q	R	**S**	T	(S) 8	8 < 22 + 20 - 17

2) Number Puzzles / Equation Building Answer Sheet

Puzzle						Answer	Equation
Puzzle 21	**A**	B	C	D	E	(A) 4	4 + 32 > 1 + 35
Puzzle 22	P	**Q**	R	S	T	(Q) 4	4 + 4 + 4 < 23 + 12
Puzzle 23	A	B	**C**	D	E	(C) 8	20 + 8 < 28
Puzzle 24	P	Q	**R**	S	T	(R) 24	24 < 0 + 20 + 14
Puzzle 25	**A**	B	C	D	E	(A) 34	10 < 34 - 26 + 20
Puzzle 26	P	Q	R	**S**	T	(S) 14	34 - 20 < 14 - 34 + 34
Puzzle 27	A	B	C	**D**	E	(D) 26	26 - 8 > 32 + 28 - 42
Puzzle 28	P	Q	R	S	**T**	(T) 26	26 - 10 < 29
Puzzle 29	A	B	C	**D**	E	(D) 40	40 < 52 - 12
Puzzle 30	**P**	Q	R	S	T	(P) 16	56 - 24 < 16 + 16

2) Number Puzzles / Equation Building Answer Sheet

Puzzle						Answer	Equation
Puzzle 31	A	B	C	D	E	(A) 48	48 < 47 + 1
Puzzle 32	P	Q	R	S	T	(S) 26	28 + 20 - 26 < 38 + 18
Puzzle 33	A	B	C	D	E	(A) 0	44 + 0 > 44
Puzzle 34	P	Q	R	S	T	(R) 28	28 + 16 < 44
Puzzle 35	A	B	C	D	E	(C) 40	40 < 4 + 1 + 57
Puzzle 36	P	Q	R	S	T	(P) 16	47 > 16 + 12
Puzzle 37	A	B	C	D	E	(C) 43	43 > 20 - 4
Puzzle 38	P	Q	R	S	T	(R) 20	20 - 8 < 21
Puzzle 39	A	B	C	D	E	(C) 4	4 + 24 < 27 + 1
Puzzle 40	P	Q	R	S	T	(P) 2	2 - 16 + 34 < 42 + 2

2) Number Puzzles / Equation Building Answer Sheet

Puzzle	A/P	B/Q	C/R	D/S	E/T	Answer	Equation
Puzzle 41	A	B	**C**	D	E	(C) 6	18 + 12 - 13 > 6
Puzzle 42	P	**Q**	R	S	T	(Q) 34	39 + 10 + 16 > 34
Puzzle 43	A	B	**C**	D	E	(C) 68	20 + 48 < 68
Puzzle 44	P	Q	**R**	S	T	(R) 4	4 + 4 > 8
Puzzle 45	**A**	B	C	D	E	(A) 38	38 < 14 + 34 + 14
Puzzle 46	P	Q	R	**S**	T	(S) 38	38 + 24 - 60 < 6 - 4
Puzzle 47	**A**	B	C	D	E	(A) 34	34 > 34 - 18
Puzzle 48	P	Q	R	S	**T**	(T) 28	28 + 36 < 44 + 20
Puzzle 49	**A**	B	C	D	E	(A) 64	36 > 64 - 28
Puzzle 50	P	Q	R	S	**T**	(T) 12	60 < 12 + 48

2) Number Puzzles / Equation Building Answer Sheet

Puzzle						Answer	Equation
Puzzle 51	A	**B**	C	D	E	(B) 4	12 - 4 < 56 - 48
Puzzle 52	**P**	Q	R	S	T	(P) 65	65 > 8 + 20
Puzzle 53	A	B	C	D	**E**	(E) 14	28 - 46 + 20 < 14 - 12
Puzzle 54	P	Q	R	S	**T**	(T) 8	8 + 20 - 18 < 4 + 6
Puzzle 55	**A**	B	C	D	E	(A) 32	38 + 32 - 64 < 16 - 10
Puzzle 56	P	Q	R	**S**	T	(S) 44	44 - 24 < 20
Puzzle 57	**A**	B	C	D	E	(A) 1	21 + 1 + 6 < 4 + 24
Puzzle 58	P	Q	**R**	S	T	(R) 36	0 + 28 < 36
Puzzle 59	A	B	**C**	D	E	(C) 40	52 > 40 + 12
Puzzle 60	P	**Q**	R	S	T	(Q) 8	30 + 26 > 8 + 20 + 8

2) Number Puzzles / Equation Building Answer Sheet

Puzzle	A/P	B/Q	C/R	D/S	E/T	Answer	Equation
Puzzle 61	A	B	C	D	**E**	(E) 12	12 + 52 < 8 + 56
Puzzle 62	P	**Q**	R	S	T	(Q) 4	38 + 4 - 24 > 4 + 14
Puzzle 63	**A**	B	C	D	E	(A) 16	16 + 8 < 20 + 4
Puzzle 64	P	Q	R	S	**T**	(T) 28	28 - 42 + 26 > 12 + 0
Puzzle 65	A	B	**C**	D	E	(C) 8	8 + 30 < 79
Puzzle 66	**P**	Q	R	S	T	(P) 32	36 - 8 > 60 - 32
Puzzle 67	**A**	B	C	D	E	(A) 20	56 - 12 < 64 - 20
Puzzle 68	P	Q	R	S	**T**	(T) 31	24 - 6 < 31
Puzzle 69	A	B	C	D	**E**	(E) 44	44 - 8 < 4 + 32
Puzzle 70	P	Q	R	**S**	T	(S) 36	64 - 36 > 36 - 8

2) Number Puzzles / Equation Building Answer Sheet

Puzzle 71	A	B	C	**D**	E	(D) 8	24 - 8 < 60 - 44
Puzzle 72	**P**	Q	R	S	T	(P) 0	68 + 0 < 60 + 8
Puzzle 73	A	B	**C**	D	E	(C) 52	8 - 4 < 56 - 52
Puzzle 74	P	Q	R	**S**	T	(S) 10	30 - 12 + 10 > 10 + 18
Puzzle 75	A	B	**C**	D	E	(C) 36	36 - 32 > 16 - 12
Puzzle 76	**P**	Q	R	S	T	(P) 18	22 + 9 > 24 + 8 - 18
Puzzle 77	**A**	B	C	D	E	(A) 64	12 + 20 < 64 - 32
Puzzle 78	P	**Q**	R	S	T	(Q) 24	20 + 20 - 24 > 38 - 22
Puzzle 79	**A**	B	C	D	E	(A) 2	52 > 2 + 34
Puzzle 80	**P**	Q	R	S	T	(P) 16	44 - 16 > 60 - 32

2) Number Puzzles / Equation Building Answer Sheet

Puzzle						Answer	Equation		
Puzzle 81	A	B	**C**	D	E	(C) 8	8 + 56	<	28 + 36
Puzzle 82	P	Q	R	**S**	T	(S) 26	32 + 6 + 2	<	14 + 26
Puzzle 83	A	B	C	D	**E**	(E) 12	30 − 12	>	4 + 2 + 12
Puzzle 84	P	**Q**	R	S	T	(Q) 36	52 − 16	>	36
Puzzle 85	**A**	B	C	D	E	(A) 0	24 + 40	<	0 + 64
Puzzle 86	P	Q	R	S	**T**	(T) 14	10 + 9	>	14 − 28 + 26
Puzzle 87	A	B	**C**	D	E	(C) 40	8 + 40	>	40 + 8
Puzzle 88	P	Q	**R**	S	T	(R) 60	60 − 16	<	40 + 4
Puzzle 89	**A**	B	C	D	E	(A) 1	17 + 12 + 1	>	2 + 28
Puzzle 90	**P**	Q	R	S	T	(P) 32	60 − 32	>	4 + 24

2) Number Puzzles / Equation Building Answer Sheet

Puzzle						Answer	Equation
Puzzle 91	**A**	B	C	D	E	(A) 20	24 > 44 - 20
Puzzle 92	**P**	Q	R	S	T	(P) 32	52 - 44 > 32 - 24
Puzzle 93	**A**	B	C	D	E	(A) 16	16 + 52 > 12 + 56
Puzzle 94	P	Q	R	S	**T**	(T) 60	55 + 1 < 60 - 4
Puzzle 95	A	**B**	C	D	E	(B) 34	34 < 46 + 6 + 4
Puzzle 96	P	Q	R	**S**	T	(S) 28	40 - 28 < 12
Puzzle 97	A	B	**C**	D	E	(C) 20	68 - 28 < 60 - 20
Puzzle 98	**P**	Q	R	S	T	(P) 19	16 + 4 > 1 + 19
Puzzle 99	A	**B**	C	D	E	(B) 28	28 < 4 + 12 + 25
Puzzle 100	P	Q	R	**S**	T	(S) 38	30 + 24 - 38 > 12 + 4

88

2) Number Puzzles / Equation Building Answer Sheet

Puzzle 101	A	**B**	C	D	E	(B) 34	34 + 33 > 10 + 8 + 24
Puzzle 102	P	**Q**	R	S	T	(Q) 6	46 > 26 - 6
Puzzle 103	**A**	B	C	D	E	(A) 48	20 + 28 > 48
Puzzle 104	P	Q	R	S	**T**	(T) 36	40 - 36 > 24 - 20
Puzzle 105	**A**	B	C	D	E	(A) 16	16 + 12 < 32 - 24 + 20
Puzzle 106	P	Q	**R**	S	T	(R) 10	10 + 6 < 30 - 40 + 26
Puzzle 107	A	B	C	D	**E**	(E) 14	14 + 10 > 20 - 14 + 4
Puzzle 108	P	**Q**	R	S	T	(Q) 38	2 + 38 - 30 < 12 - 2
Puzzle 109	A	B	C	**D**	E	(D) 24	24 - 16 + 18 < 16 + 10
Puzzle 110	P	Q	R	**S**	T	(S) 12	30 - 6 + 12 < 12 + 33

2) Number Puzzles / Equation Building Answer Sheet

Puzzle	A/P	B/Q	C/R	D/S	E/T	Answer	Equation
Puzzle 111	A	B	C	**D**	E	(D) 6	28 + 6 - 6 > 6 + 22
Puzzle 112	**P**	Q	R	S	T	(P) 0	1 > 0 + 1
Puzzle 113	A	B	C	D	**E**	(E) 30	32 - 2 < 36 + 24 - 30
Puzzle 114	**P**	Q	R	S	T	(P) 16	16 + 16 > 32
Puzzle 115	A	**B**	C	D	E	(B) 2	36 + 28 - 34 < 32 - 2
Puzzle 116	P	Q	R	S	**T**	(T) 30	30 + 20 - 17 > 12
Puzzle 117	A	**B**	C	D	E	(B) 51	52 - 51 < 1
Puzzle 118	P	Q	**R**	S	T	(R) 68	40 + 28 > 68
Puzzle 119	A	**B**	C	D	E	(B) 40	48 - 40 > 24 - 16
Puzzle 120	P	**Q**	R	S	T	(Q) 4	56 + 4 > 48 + 12

3) Number Series

120 Series Practice Questions

Grade:	6th and 7th Grade
Level:	Level 12 and Level 13
Form:	7
Battery:	Quantitative Battery
Section:	3) Number Series

By: Sam Khobragade

3) Number Series : 120 Questions

3) Number Series

Series 1

114 → 102 → 91 → 81 → 72 → ?

- **A** 58
- **B** 68
- **C** 69
- **D** 57
- **E** 64

Series 2

312 → 186 → 120 → 312 → 186 → ?

- **P** 115
- **Q** 120
- **R** 116
- **S** 114
- **T** 112

Series 3

156 → 252 → 96 → 156 → 252 → ?

- **A** 99
- **B** 96
- **C** 92
- **D** 101
- **E** 91

Series 4

10 → 21 → 43 → 87 → 175 → ?

- **P** 356
- **Q** 351
- **R** 344
- **S** 346
- **T** 350

3) Number Series

Series 5

132 → 216 → 174 → 132 → 216 → ?

A) 165 B) 175 C) 174 D) 167 E) 172

Series 6

42 → 43 → 44 → 45 → 46 → ?

P) 45 Q) 43 R) 47 S) 49 T) 38

Series 7

96 → 108 → 120 → 132 → 144 → ?

A) 153 B) 155 C) 165 D) 156 E) 149

Series 8

66 → 74 → 82 → 90 → 98 → ?

P) 108 Q) 106 R) 116 S) 99 T) 114

3) Number Series

Series 9

90 → 126 → 162 → 198 → 234 → ?

A) 260   B) 270   C) 268   D) 274   E) 271

Series 10

4 → 8 → 16 → 32 → 64 → ?

P) 128   Q) 136   R) 122   S) 138   T) 133

Series 11

282 → 318 → 156 → 282 → 318 → ?

A) 161   B) 156   C) 159   D) 150   E) 157

Series 12

24 → 36 → 48 → 60 → 72 → ?

P) 76   Q) 88   R) 87   S) 82   T) 84

3) Number Series

Series 13

168 → **152** → **136** → **120** → **104** → ?

A) 91   B) 94   C) 86   D) 79   E) 88

Series 14

114 → **134** → **154** → **174** → **194** → ?

P) 214   Q) 217   R) 224   S) 220   T) 218

Series 15

2 → **4** → **8** → **16** → **32** → ?

A) 61   B) 64   C) 68   D) 66   E) 54

Series 16

132 → **135** → **139** → **144** → **150** → ?

P) 162   Q) 158   R) 148   S) 157   T) 147

3) Number Series

Series 17

72 → 90 → 109 → 129 → 150 → ?

- A) 166
- B) 180
- C) 182
- D) 162
- E) 172

Series 18

144 → 168 → 192 → 216 → 240 → ?

- P) 264
- Q) 260
- R) 272
- S) 255
- T) 268

Series 19

96 → 132 → 168 → 204 → 240 → ?

- A) 271
- B) 276
- C) 283
- D) 279
- E) 269

Series 20

138 → 122 → 106 → 90 → 74 → ?

- P) 57
- Q) 58
- R) 53
- S) 55
- T) 63

3) Number Series

Series 21

162 → 163 → 164 → 165 → 166 → ?

- A) 158
- B) 171
- C) 173
- D) 167
- E) 160

Series 22

162 → 165 → 169 → 174 → 180 → ?

- P) 185
- Q) 187
- R) 179
- S) 189
- T) 184

Series 23

144 → 54 → 126 → 144 → 54 → ?

- A) 121
- B) 124
- C) 126
- D) 119
- E) 134

Series 24

108 → 112 → 116 → 120 → 124 → ?

- P) 121
- Q) 126
- R) 122
- S) 137
- T) 128

3) Number Series

Series 25

10 → 20 → 40 → 80 → 160 → ?

A) 319 B) 320 C) 310 D) 323 E) 313

Series 26

174 → 175 → 177 → 180 → 184 → ?

P) 184 Q) 189 R) 192 S) 190 T) 186

Series 27

54 → 90 → 126 → 162 → 198 → ?

A) 237 B) 234 C) 231 D) 235 E) 225

Series 28

14 → 27 → 53 → 105 → 209 → ?

P) 419 Q) 416 R) 424 S) 411 T) 417

3) Number Series

Series 29

48 → 258 → 186 → 48 → 258 → ?

- A) 183
- B) 186
- C) 180
- D) 184
- E) 181

Series 30

48 → 54 → 61 → 69 → 78 → ?

- P) 88
- Q) 91
- R) 80
- S) 89
- T) 98

Series 31

114 → 96 → 79 → 63 → 48 → ?

- A) 43
- B) 36
- C) 34
- D) 27
- E) 37

Series 32

198 → 336 → 198 → 336 → 198 → ?

- P) 342
- Q) 336
- R) 346
- S) 335
- T) 334

3) Number Series

Series 33

348 → 120 → 18 → 348 → 120 → ?

A) 26   B) 20   C) 16   D) 11   E) 18

Series 34

150 → 168 → 187 → 207 → 228 → ?

P) 240   Q) 257   R) 250   S) 243   T) 249

Series 35

30 → 66 → 102 → 138 → 174 → ?

A) 214   B) 210   C) 200   D) 218   E) 219

Series 36

54 → 55 → 57 → 60 → 64 → ?

P) 69   Q) 59   R) 72   S) 62   T) 63

3) Number Series

Series 37

30 → 300 → 30 → 300 → 30 → ?

A) 300 B) 307 C) 293 D) 291 E) 296

Series 38

342 → 294 → 234 → 342 → 294 → ?

P) 244 Q) 236 R) 228 S) 240 T) 234

Series 39

336 → 216 → 288 → 336 → 216 → ?

A) 286 B) 278 C) 292 D) 288 E) 285

Series 40

90 → 288 → 72 → 90 → 288 → ?

P) 66 Q) 71 R) 65 S) 72 T) 77

3) Number Series

Series 41

156 → 157 → 158 → 159 → 160 → ?

A) 151   B) 163   C) 152   D) 169   E) 161

Series 42

60 → 51 → 43 → 36 → 30 → ?

P) 25   Q) 34   R) 19   S) 16   T) 17

Series 43

14 → 28 → 56 → 112 → 224 → ?

A) 444   B) 449   C) 447   D) 448   E) 440

Series 44

12 → 23 → 45 → 89 → 177 → ?

P) 346   Q) 347   R) 359   S) 352   T) 353

3) Number Series

Series 45

8 → 16 → 32 → 64 → 128 → ?

A) 255 B) 256 C) 265 D) 254 E) 264

Series 46

18 → 54 → 90 → 126 → 162 → ?

P) 192 Q) 203 R) 194 S) 207 T) 198

Series 47

12 → 20 → 28 → 36 → 44 → ?

A) 45 B) 62 C) 50 D) 51 E) 52

Series 48

258 → 258 → 258 → 258 → 258 → ?

P) 267 Q) 268 R) 261 S) 260 T) 258

Series 49

150 → 165 → 181 → 198 → 216 → ?

- [A] 227
- [B] 241
- [C] 242
- [D] 235
- [E] 245

Series 50

282 → 168 → 156 → 282 → 168 → ?

- [P] 164
- [Q] 157
- [R] 156
- [S] 146
- [T] 159

Series 51

102 → 103 → 105 → 108 → 112 → ?

- [A] 117
- [B] 120
- [C] 116
- [D] 126
- [E] 121

Series 52

6 → 13 → 27 → 55 → 111 → ?

- [P] 220
- [Q] 233
- [R] 213
- [S] 217
- [T] 223

3) Number Series

Series 53

246 → 96 → 246 → 96 → 246 → ?

A) 99   B) 106   C) 96   D) 93   E) 100

Series 54

162 → 178 → 194 → 210 → 226 → ?

P) 248   Q) 252   R) 232   S) 245   T) 242

Series 55

18 → 34 → 50 → 66 → 82 → ?

A) 91   B) 97   C) 88   D) 98   E) 92

Series 56

6 → 1 → 6 → 1 → 6 → ?

P) 3   Q) 5   R) 1   S) 9   T) 4

3) Number Series

Series 57

216 → 258 → 114 → 216 → 258 → ?

(A) 122 (B) 117 (C) 114 (D) 107 (E) 124

Series 58

6 → 12 → 24 → 48 → 96 → ?

(P) 185 (Q) 184 (R) 202 (S) 196 (T) 192

Series 59

20 → 41 → 83 → 167 → 335 → ?

(A) 679 (B) 662 (C) 671 (D) 680 (E) 667

Series 60

84 → 100 → 116 → 132 → 148 → ?

(P) 173 (Q) 169 (R) 164 (S) 161 (T) 168

3) Number Series

Series 61

222 → 336 → 186 → 222 → 336 → ?

A) 181 B) 186 C) 194 D) 192 E) 190

Series 62

252 → 252 → 252 → 252 → 252 → ?

P) 251 Q) 252 R) 259 S) 255 T) 244

Series 63

132 → 36 → 132 → 36 → 132 → ?

A) 29 B) 45 C) 41 D) 36 E) 26

Series 64

138 → 126 → 115 → 105 → 96 → ?

P) 98 Q) 92 R) 84 S) 90 T) 88

3) Number Series

Series 65

72 → 102 → 54 → 72 → 102 → ?

A) 48   B) 53   C) 61   D) 51   E) 54

Series 66

114 → 129 → 145 → 162 → 180 → ?

P) 199   Q) 205   R) 200   S) 202   T) 190

Series 67

144 → 153 → 163 → 174 → 186 → ?

A) 199   B) 193   C) 194   D) 200   E) 205

Series 68

162 → 135 → 109 → 84 → 60 → ?

P) 40   Q) 36   R) 42   S) 47   T) 37

109

Series 69

30 → 258 → 30 → 258 → 30 → ?

(A) 265 (B) 251 (C) 258 (D) 254 (E) 255

Series 70

60 → 100 → 140 → 180 → 220 → ?

(P) 256 (Q) 260 (R) 253 (S) 262 (T) 254

Series 71

42 → 78 → 114 → 150 → 186 → ?

(A) 222 (B) 229 (C) 221 (D) 217 (E) 231

Series 72

90 → 94 → 98 → 102 → 106 → ?

(P) 106 (Q) 120 (R) 118 (S) 110 (T) 114

3) Number Series

Series 73

150 → 123 → 97 → 72 → 48 → ?

[A] 32   [B] 30   [C] 25   [D] 22   [E] 20

Series 74

26 → 53 → 107 → 215 → 431 → ?

[P] 856   [Q] 871   [R] 866   [S] 863   [T] 862

Series 75

282 → 120 → 144 → 282 → 120 → ?

[A] 144   [B] 153   [C] 141   [D] 143   [E] 145

Series 76

288 → 324 → 288 → 324 → 288 → ?

[P] 331   [Q] 318   [R] 324   [S] 333   [T] 325

3) Number Series

Series 77

102 → 72 → 102 → 72 → 102 → ?

[A] 79   [B] 65   [C] 78   [D] 63   [E] 72

Series 78

90 → 98 → 106 → 114 → 122 → ?

[P] 131   [Q] 130   [R] 134   [S] 133   [T] 123

Series 79

30 → 240 → 30 → 240 → 30 → ?

[A] 240   [B] 231   [C] 236   [D] 238   [E] 244

Series 80

120 → 108 → 97 → 87 → 78 → ?

[P] 61   [Q] 64   [R] 68   [S] 70   [T] 76

3) Number Series

Series 81

138 → 162 → 186 → 210 → 234 → ?

A) 262   B) 258   C) 248   D) 260   E) 264

Series 82

54 → 24 → 72 → 54 → 24 → ?

P) 78   Q) 82   R) 76   S) 72   T) 77

Series 83

108 → 144 → 180 → 216 → 252 → ?

A) 283   B) 298   C) 279   D) 284   E) 288

Series 84

162 → 129 → 97 → 66 → 36 → ?

P) 0   Q) 1   R) 15   S) 7   T) 10

3) Number Series

Series 85

156 → 157 → 159 → 162 → 166 → ?

[A] 171 [B] 169 [C] 175 [D] 164 [E] 177

Series 86

306 → 210 → 306 → 210 → 306 → ?

[P] 219 [Q] 207 [R] 205 [S] 210 [T] 220

Series 87

54 → 150 → 54 → 150 → 54 → ?

[A] 150 [B] 148 [C] 153 [D] 146 [E] 149

Series 88

156 → 196 → 236 → 276 → 316 → ?

[P] 356 [Q] 353 [R] 354 [S] 364 [T] 360

Series 89

24 → 47 → 93 → 185 → 369 → ?

A) 727   B) 737   C) 741   D) 746   E) 742

Series 90

54 → 246 → 30 → 54 → 246 → ?

P) 29   Q) 22   R) 23   S) 30   T) 35

Series 91

162 → 177 → 193 → 210 → 228 → ?

A) 245   B) 247   C) 244   D) 257   E) 237

Series 92

126 → 110 → 94 → 78 → 62 → ?

P) 36   Q) 46   R) 42   S) 55   T) 44

3) Number Series

Series 93

150 → 151 → 153 → 156 → 160 → ?

A) 158   B) 165   C) 159   D) 169   E) 167

Series 94

198 → 138 → 198 → 138 → 198 → ?

P) 146   Q) 131   R) 138   S) 130   T) 144

Series 95

126 → 147 → 169 → 192 → 216 → ?

A) 242   B) 241   C) 246   D) 233   E) 239

Series 96

10 → 19 → 37 → 73 → 145 → ?

P) 292   Q) 283   R) 284   S) 289   T) 293

3) Number Series

Series 97

1 → 54 → 1 → 54 → 1 → ?

A) 54 B) 44 C) 46 D) 61 E) 55

Series 98

16 → 31 → 61 → 121 → 241 → ?

P) 485 Q) 481 R) 473 S) 474 T) 484

Series 99

30 → 48 → 67 → 87 → 108 → ?

A) 130 B) 123 C) 129 D) 139 E) 131

Series 100

324 → 138 → 198 → 324 → 138 → ?

P) 200 Q) 189 R) 206 S) 198 T) 193

Series 101

90 → 91 → 93 → 96 → 100 → ?

A) 105   B) 95   C) 108   D) 111   E) 109

Series 102

72 → 108 → 144 → 180 → 216 → ?

P) 259   Q) 245   R) 252   S) 260   T) 248

Series 103

102 → 105 → 109 → 114 → 120 → ?

A) 127   B) 133   C) 124   D) 137   E) 122

Series 104

138 → 174 → 210 → 246 → 282 → ?

P) 327   Q) 323   R) 324   S) 318   T) 308

3) Number Series

Series 105

12 → 25 → 51 → 103 → 207 → ?

A) 424   B) 411   C) 413   D) 410   E) 415

Series 106

28 → 57 → 115 → 231 → 463 → ?

P) 933   Q) 923   R) 935   S) 917   T) 927

Series 107

60 → 96 → 132 → 168 → 204 → ?

A) 234   B) 240   C) 235   D) 247   E) 248

Series 108

174 → 147 → 121 → 96 → 72 → ?

P) 45   Q) 41   R) 49   S) 50   T) 53

3) Number Series

Series 109

72 → 63 → 55 → 48 → 42 → ?

A) 39   B) 34   C) 36   D) 37   E) 28

Series 110

126 → 122 → 118 → 114 → 110 → ?

P) 110   Q) 108   R) 114   S) 106   T) 100

Series 111

102 → 103 → 104 → 105 → 106 → ?

A) 117   B) 103   C) 107   D) 112   E) 110

Series 112

6 → 7 → 8 → 9 → 10 → ?

P) 18   Q) 11   R) 20   S) 17   T) 14

3) Number Series

Series 113

114 → 1 → 114 → 1 → 114 → ?

A) 9   B) 1   C) 5   D) 6   E) 3

Series 114

150 → 138 → 126 → 114 → 102 → ?

P) 82   Q) 89   R) 90   S) 87   T) 83

Series 115

18 → 342 → 18 → 342 → 18 → ?

A) 345   B) 332   C) 342   D) 333   E) 349

Series 116

96 → 102 → 109 → 117 → 126 → ?

P) 137   Q) 126   R) 139   S) 136   T) 133

3) Number Series

Series 117

252 → 270 → 252 → 270 → 252 → ?

A) 266 B) 262 C) 275 D) 272 E) 270

Series 118

156 → 162 → 169 → 177 → 186 → ?

P) 196 Q) 204 R) 187 S) 188 T) 202

Series 119

18 → 35 → 69 → 137 → 273 → ?

A) 548 B) 542 C) 551 D) 554 E) 545

Series 120

126 → 150 → 174 → 198 → 222 → ?

P) 256 Q) 246 R) 237 S) 238 T) 244

3) Number Series Answer Sheet

Series	A/P	B/Q	C/R	D/S	E/T	Answer	Rule
Series 1	A	B	C	D	**E**	(E) 64	Minus 12. Increment by 1.
Series 2	P	**Q**	R	S	T	(Q) 120	Repeat numbers [312, 186, 120].
Series 3	A	**B**	C	D	E	(B) 96	Repeat numbers [156, 252, 96].
Series 4	P	**Q**	R	S	T	(Q) 351	Multipy by 2. Add 1.
Series 5	A	B	**C**	D	E	(C) 174	Repeat numbers [132, 216, 174].
Series 6	P	Q	**R**	S	T	(R) 47	Add 1.
Series 7	A	B	C	**D**	E	(D) 156	Add 12.
Series 8	P	**Q**	R	S	T	(Q) 106	Add 8.
Series 9	A	**B**	C	D	E	(B) 270	Add 36.
Series 10	**P**	Q	R	S	T	(P) 128	Multipy by 2.

3) Number Series Answer Sheet

Series 11	A	**B**	C	D	E	(B) 156	Repeat numbers [282, 318, 156].
Series 12	P	Q	R	S	**T**	(T) 84	Add 12.
Series 13	A	B	C	D	**E**	(E) 88	Minus 16.
Series 14	**P**	Q	R	S	T	(P) 214	Add 20.
Series 15	A	**B**	C	D	E	(B) 64	Multipy by 2.
Series 16	P	Q	R	**S**	T	(S) 157	Add 3. Increment by 1.
Series 17	A	B	C	D	**E**	(E) 172	Add 18. Increment by 1.
Series 18	**P**	Q	R	S	T	(P) 264	Add 24.
Series 19	A	**B**	C	D	E	(B) 276	Add 36.
Series 20	P	**Q**	R	S	T	(Q) 58	Minus 16.

3) Number Series Answer Sheet

Series 21	A	B	C	**D**	E	(D) 167	Add 1.
Series 22	P	**Q**	R	S	T	(Q) 187	Add 3. Increment by 1.
Series 23	A	B	**C**	D	E	(C) 126	Repeat numbers [144, 54, 126].
Series 24	P	Q	R	S	**T**	(T) 128	Add 4.
Series 25	A	**B**	C	D	E	(B) 320	Multipy by 2.
Series 26	P	**Q**	R	S	T	(Q) 189	Add 1. Increment by 1.
Series 27	A	**B**	C	D	E	(B) 234	Add 36.
Series 28	P	Q	R	S	**T**	(T) 417	Multipy by 2. Minus 1.
Series 29	A	**B**	C	D	E	(B) 186	Repeat numbers [48, 258, 186].
Series 30	**P**	Q	R	S	T	(P) 88	Add 6. Increment by 1.

3) Number Series Answer Sheet

Series 31	A	B	C	D	E	(C) 34	Minus 18. Increment by 1.
Series 32	P	Q	R	S	T	(Q) 336	Repeat numbers [198, 336].
Series 33	A	B	C	D	E	(E) 18	Repeat numbers [348, 120, 18].
Series 34	P	Q	R	S	T	(R) 250	Add 18. Increment by 1.
Series 35	A	B	C	D	E	(B) 210	Add 36.
Series 36	P	Q	R	S	T	(P) 69	Add 1. Increment by 1.
Series 37	A	B	C	D	E	(A) 300	Repeat numbers [30, 300].
Series 38	P	Q	R	S	T	(T) 234	Repeat numbers [342, 294, 234].
Series 39	A	B	C	D	E	(D) 288	Repeat numbers [336, 216, 288].
Series 40	P	Q	R	S	T	(S) 72	Repeat numbers [90, 288, 72].

3) Number Series Answer Sheet

Series						Answer	Rule
Series 41	A	B	C	D	**E**	(E) 161	Add 1.
Series 42	**P**	Q	R	S	T	(P) 25	Minus 9. Increment by 1.
Series 43	A	B	C	**D**	E	(D) 448	Multipy by 2.
Series 44	P	Q	R	S	**T**	(T) 353	Multipy by 2. Minus 1.
Series 45	A	**B**	C	D	E	(B) 256	Multipy by 2.
Series 46	P	Q	R	S	**T**	(T) 198	Add 36.
Series 47	A	B	C	D	**E**	(E) 52	Add 8.
Series 48	P	Q	R	S	**T**	(T) 258	Repeat numbers [258, 258].
Series 49	A	B	C	**D**	E	(D) 235	Add 15. Increment by 1.
Series 50	P	Q	**R**	S	T	(R) 156	Repeat numbers [282, 168, 156].

3) Number Series Answer Sheet

Series 51	**A**	B	C	D	E	(A) 117	Add 1. Increment by 1.
Series 52	P	Q	R	S	**T**	(T) 223	Multipy by 2. Add 1.
Series 53	A	B	**C**	D	E	(C) 96	Repeat numbers [246, 96].
Series 54	P	Q	R	S	**T**	(T) 242	Add 16.
Series 55	A	B	C	**D**	E	(D) 98	Add 16.
Series 56	P	Q	**R**	S	T	(R) 1	Repeat numbers [6, 1].
Series 57	A	B	**C**	D	E	(C) 114	Repeat numbers [216, 258, 114].
Series 58	P	Q	R	S	**T**	(T) 192	Multipy by 2.
Series 59	A	B	**C**	D	E	(C) 671	Multipy by 2. Add 1.
Series 60	P	Q	**R**	S	T	(R) 164	Add 16.

3) Number Series Answer Sheet

Series 61	A	**B**	C	D	E	(B) 186	Repeat numbers [222, 336, 186].
Series 62	P	**Q**	R	S	T	(Q) 252	Repeat numbers [252, 252].
Series 63	A	B	C	**D**	E	(D) 36	Repeat numbers [132, 36].
Series 64	P	Q	R	S	**T**	(T) 88	Minus 12. Increment by 1.
Series 65	A	B	C	D	**E**	(E) 54	Repeat numbers [72, 102, 54].
Series 66	**P**	Q	R	S	T	(P) 199	Add 15. Increment by 1.
Series 67	**A**	B	C	D	E	(A) 199	Add 9. Increment by 1.
Series 68	P	Q	R	S	**T**	(T) 37	Minus 27. Increment by 1.
Series 69	A	B	**C**	D	E	(C) 258	Repeat numbers [30, 258].
Series 70	P	**Q**	R	S	T	(Q) 260	Add 40.

3) Number Series Answer Sheet

Series 71	**A**	B	C	D	E	(A) 222	Add 36.
Series 72	P	Q	R	**S**	T	(S) 110	Add 4.
Series 73	A	B	**C**	D	E	(C) 25	Minus 27. Increment by 1.
Series 74	P	Q	R	**S**	T	(S) 863	Multipy by 2. Add 1.
Series 75	**A**	B	C	D	E	(A) 144	Repeat numbers [282, 120, 144].
Series 76	P	Q	**R**	S	T	(R) 324	Repeat numbers [288, 324].
Series 77	A	B	C	D	**E**	(E) 72	Repeat numbers [102, 72].
Series 78	P	**Q**	R	S	T	(Q) 130	Add 8.
Series 79	**A**	B	C	D	E	(A) 240	Repeat numbers [30, 240].
Series 80	P	Q	R	**S**	T	(S) 70	Minus 12. Increment by 1.

3) Number Series Answer Sheet

Series 81	A	**B**	C	D	E	(B) 258	Add 24.
Series 82	P	Q	R	**S**	T	(S) 72	Repeat numbers [54, 24, 72].
Series 83	A	B	C	D	**E**	(E) 288	Add 36.
Series 84	P	Q	R	**S**	T	(S) 7	Minus 33. Increment by 1.
Series 85	**A**	B	C	D	E	(A) 171	Add 1. Increment by 1.
Series 86	P	Q	R	**S**	T	(S) 210	Repeat numbers [306, 210].
Series 87	**A**	B	C	D	E	(A) 150	Repeat numbers [54, 150].
Series 88	**P**	Q	R	S	T	(P) 356	Add 40.
Series 89	A	**B**	C	D	E	(B) 737	Multipy by 2. Minus 1.
Series 90	P	Q	R	**S**	T	(S) 30	Repeat numbers [54, 246, 30].

3) Number Series Answer Sheet

Series						Answer	Rule
Series 91	A	**B**	C	D	E	(B) 247	Add 15. Increment by 1.
Series 92	P	**Q**	R	S	T	(Q) 46	Minus 16.
Series 93	A	**B**	C	D	E	(B) 165	Add 1. Increment by 1.
Series 94	P	Q	**R**	S	T	(R) 138	Repeat numbers [198, 138].
Series 95	A	**B**	C	D	E	(B) 241	Add 21. Increment by 1.
Series 96	P	Q	R	**S**	T	(S) 289	Multipy by 2. Minus 1.
Series 97	**A**	B	C	D	E	(A) 54	Repeat numbers [1, 54].
Series 98	P	**Q**	R	S	T	(Q) 481	Multipy by 2. Minus 1.
Series 99	**A**	B	C	D	E	(A) 130	Add 18. Increment by 1.
Series 100	P	Q	R	**S**	T	(S) 198	Repeat numbers [324, 138, 198].

3) Number Series Answer Sheet

Series						Answer	Rule
Series 101	**A**	B	C	D	E	(A) 105	Add 1. Increment by 1.
Series 102	P	Q	**R**	S	T	(R) 252	Add 36.
Series 103	**A**	B	C	D	E	(A) 127	Add 3. Increment by 1.
Series 104	P	Q	R	**S**	T	(S) 318	Add 36.
Series 105	A	B	C	D	**E**	(E) 415	Multipy by 2. Add 1.
Series 106	P	Q	R	S	**T**	(T) 927	Multipy by 2. Add 1.
Series 107	A	**B**	C	D	E	(B) 240	Add 36.
Series 108	P	Q	**R**	S	T	(R) 49	Minus 27. Increment by 1.
Series 109	A	B	C	**D**	E	(D) 37	Minus 9. Increment by 1.
Series 110	P	Q	R	**S**	T	(S) 106	Minus 4.

133

3) Number Series Answer Sheet

Series	A/P	B/Q	C/R	D/S	E/T	Answer	Rule
Series 111	A	B	**C**	D	E	(C) 107	Add 1.
Series 112	P	**Q**	R	S	T	(Q) 11	Add 1.
Series 113	A	**B**	C	D	E	(B) 1	Repeat numbers [114, 1].
Series 114	P	Q	**R**	S	T	(R) 90	Minus 12.
Series 115	A	B	**C**	D	E	(C) 342	Repeat numbers [18, 342].
Series 116	P	Q	R	**S**	T	(S) 136	Add 6. Increment by 1.
Series 117	A	B	C	D	**E**	(E) 270	Repeat numbers [252, 270].
Series 118	**P**	Q	R	S	T	(P) 196	Add 6. Increment by 1.
Series 119	A	B	C	D	**E**	(E) 545	Multipy by 2. Minus 1.
Series 120	P	**Q**	R	S	T	(Q) 246	Add 24.

Made in United States
Troutdale, OR
01/25/2024

17144171R00082